BEI GRIN MACHT SICH IHR WISSEN BEZAHLT

- Wir veröffentlichen Ihre Hausarbeit,
  Bachelor- und Masterarbeit

- Ihr eigenes eBook und Buch -
  weltweit in allen wichtigen Shops

- Verdienen Sie an jedem Verkauf

Jetzt bei www.GRIN.com hochladen und kostenlos publizieren

Achuthan Thanabalasundaram

Religion und Gewalt in Japan

GRIN Verlag

Bibliografische Information der Deutschen Nationalbibliothek:

Die Deutsche Bibliothek verzeichnet diese Publikation in der Deutschen National-
bibliografie; detaillierte bibliografische Daten sind im Internet über http://dnb.d-
nb.de/ abrufbar.

Dieses Werk sowie alle darin enthaltenen einzelnen Beiträge und Abbildungen
sind urheberrechtlich geschützt. Jede Verwertung, die nicht ausdrücklich vom
Urheberrechtsschutz zugelassen ist, bedarf der vorherigen Zustimmung des Verla-
ges. Das gilt insbesondere für Vervielfältigungen, Bearbeitungen, Übersetzungen,
Mikroverfilmungen, Auswertungen durch Datenbanken und für die Einspeicherung
und Verarbeitung in elektronische Systeme. Alle Rechte, auch die des auszugsweisen
Nachdrucks, der fotomechanischen Wiedergabe (einschließlich Mikrokopie) sowie
der Auswertung durch Datenbanken oder ähnliche Einrichtungen, vorbehalten.

Impressum:

Copyright © 2009 GRIN Verlag GmbH
Druck und Bindung: Books on Demand GmbH, Norderstedt Germany
ISBN: 978-3-640-83779-3

Dieses Buch bei GRIN:

http://www.grin.com/de/e-book/167432/religion-und-gewalt-in-japan

Referent: Achuthan Thanabalasundaram
Thema: Religion und Gewalt am Beispiel einer nicht-christlichen Religion
WS 2008/09
Seminar: Religion im Spiegel von Wissenschaft und Gesellschaft

Ausarbeitung des Referats: Religion und Gewalt in Japan

Inhalt

Einleitung

Es gibt wohl kaum eine Religion, die solch extrem konträre Meinungen in der Wissenschaft und Gesellschaft hervorgerufen hat, wie der Buddhismus. Lange Zeit wurde der Buddhismus als eine tolerante und gewaltfreie Religion angesehen, welche statt Dogmen philosophische Lehren verbreite. Seit den 90er Jahren begann man, kritischer mit dem Buddhismus umzugehen und zu versuchen, die Gewalt Japans in der Showa-Ära[1] mit der buddhistischen Tradition des japanischen Volkes zu verbinden. Doch sollte die Wissenschaft sich sowohl davor hüten, den Buddhismus zu romantisieren, als auch ihn zu verteufeln. Dennoch ist es wichtig, den Buddhismus auf sein Gewaltpotential hin zu untersuchen. Immerhin gibt es selbst in unserer Zeit buddhistische Mönche, beispielsweise in Sri Lanka, die zum Völkermord an den hinduistischen, muslimischen und christlichen Tamilen aufrufen und dies mit der Religion begründen wollen.

Dieser Text wird versuchen, Gewalt in Zusammenhang mit der Religion in historischer Perspektive zu untersuchen, um die Frage zu beantworten, ob denn nicht auch ein politischer Faktor für die Gewalt verantwortlich sein kann. Die Betrachtung Japans für diese Fragestellung bietet sich an, da die Quellenlage in der westlichen Welt für dieses Thema dichter ist als in den aktuellen Konflikten wie in Sri Lanka[2]. Drei historische Beispiele werden uns den Zusammenhang zwischen Gewalt und Religion in Japan verdeutlichen. Das erste ist die Bildung der Mönchssoldaten, das zweite die Christenverfolgung nach dem Sengoku-Jidai und das dritte Beispiel ist die Integrationspolitik in der Showa-Ära. Eine Betrachtung der Buddhismus-Kritiker folgt anschließend. Bevor wir uns der konkreten Auseinandersetzung des

---

1 In Japan wird die Zeitrechnung in Epochen ausgedrückt, die die Spanne der jeweiligen Amtsperioden der Tenno/Mikado/Kaiser umfassen. Die Bezeichnungen der Epochen sind gleichzeitig die Ehrennamen des jeweiligen Tenno nach seinem Tode und das „Motto" der Regierung, das der jeweilige Tenno zu Beginn seiner Amtsperiode ausspricht. Die Showa-Ära entspricht der Regierungzeit Hirohitos, also der Zeit des Zweiten Weltkrieges.

2 Da in Sri Lanka ein ethnischer Konflikt seit Beginn der Unabhängigkeit tobt, der selbst die Wissenschaftler Sri Lankas politisiert hat und wir widersprüchliche, angeblich objektive Untersuchungen haben, ist die wissenschaftliche Untersuchung dieses Konfliktes für uns erschwert. Auch Quellen aus der Kolonialzeit sind auf Grund der damaligen Sprachbarrieren nicht ohne weiteres als Mittel einer kritischen Untersuchung geeignet.

3

Themas widmen, ist es jedoch erforderlich, dass wir uns einen groben Überblick über die zwei bedeutendsten Religionen Japans verschaffen.

1. Buddhismus und Shintoismus

In Japan herrscht eine besondere Form der Religiosität. Der Shintoismus und der Buddhismus sind die vorherrschenden Religionen. Sie existieren nicht nur parallel nebeneinander, sondern miteinander. Viele Japaner nehmen an Kulthandlungen beider Religionen teil. Beispielsweise ist es auch bei Anhängern des Shintoismus nicht selten, dass die Bestattung durch buddhistische Priester ausgeführt wird.[3] Hinzu kommt die Tatsache, dass der Buddhismus durch den Tenno nach Japan „importiert" wurde. Der Tenno ist nach shintoistischem Glauben als Nachfahre des ersten Tenno Jimmu ein direkter Nachfahre der Sonnengöttin Amiterasu und Oberhaupt des Shintoismus. Somit ist der Buddhismus nicht durch Missionierung, sondern durch einen Import seitens des Oberhauptes des Shintoismus nach Japan gekommen. Der Buddhismus hat die Existenz der Kami[4] nicht bestritten, sondern die Kami – so wie auch die Menschen – als gequälte Seelen im Kreislauf der Wiedergeburt aufgefasst bzw. werden einige Kami als Inkarnationen Buddhas begriffen. Anfangs ist der Buddhismus mit der chinesischen bzw. koreanischen Kultur und Technologie gleichgesetzt worden. Die neue Religion wurde nur vom Kaiserhof und einem Teil des Adels praktiziert. Es gab ausdrücklich Verbote, die Lehren außerhalb der Klöster zu verbreiten und der Eintritt in die Klöster war nicht jedem gestattet, auch wenn es einzelne Priester gab, die sich über dieses Verbot hinwegsetzten. Insgesamt wurde der Buddhismus jedoch nicht bekämpft als „feindliche Religion", sondern nahm Aufgaben im

---

3 Um diesen speziellen Sachverhalt zu verstehen, sollte man beachten, dass der Shintoismus den Tod generell als etwas „Unreines" betrachtet. So war es im vor-buddhistischen Japan üblich, dass sogar Häuser, in denen Menschen verstorben waren, verbrannt wurden. Im modernen Japan ist es an heiligen Stätten des Shintoismus nicht erlaubt, zu gebären oder zu sterben. Deswegen werden bei einigen heiligen Orten alte Menschen nicht geduldet.

4 Der Begriff Kami wird oftmals als „Gott" übersetzt, jedoch wird an dieser Stelle der japanische Begriff verwendet, da das Konzept „Gott" in Europa eine andere Konnotation als das Konzept „Kami" hat. Kami sind fehlbar und können leben und sterben. Gott ist allmächtig, ewig und transzendent.

Bereich der Verwaltung wahr.[5] Hier wird schon deutlich, dass Religion von der Politik instrumentalisiert wird. Dieser Gedanke wird später wieder aufgegriffen werden, wenn wir den Zusammenhang zwischen Gewalt und Religion betrachten.

2. Mönchssoldaten

Ab dem 11. Jahrhundert begannen sich buddhistische Klöster als politischer Faktor in Japan durchzusetzen. Einige Orden besaßen riesige Ländereien und eigene Heere. Die Möchssoldaten wurden eingesetzt zur Bekämpfung von Rivalen im eigenen Orden, zur Bekämpfung von feindlichen Orden, zum Landgewinn, zur Kontrolle von heiligen Orten und zum Protest gegen bestimmte Regierungsentscheidungen. Es sind uns Berichte überliefert, in denen beispielsweise Soldaten des Tendai-Ordens, der auf dem Berg Hiei nahe Kyoto ansässig war, hinabgestiegen sind und die Hauptstadt Kyoto verwüsteten, um den Regenten zu zwingen, eine Abt-Ernennung zu widerrufen.[6] Die Tatsache, dass Orden eigene Heeresverbände hatten und über 400 registrierte Gewaltaktionen von Mönchssoldaten zwischen dem 10. und 16. Jahrhundert begangen wurden[7], klingt verwunderlich, wenn wir in Betracht ziehen, dass buddhistischen Mönchen das Töten verboten ist[8], jedoch nennt uns Kleine in seinem Essay plausible Gründe, die zu der Einrichtung dieser Armeen geführt haben. Zum einen sei der rege Zustrom von Bevölkerungsschichten relevant, die keinerlei Talente für das Schrifttum oder das Mönchsleben mitbrachten, sodass man sie mit der

---

5 Buddhistische Mönche wurden zum Zweck der Verwaltung eingesetzt, da Japan zu diesem Zeitpunkt über keine Schriftlichkeit verfügte und die Mönche damals als einzige in Japan eine Schrift beherrschten. Der Import des chinesischen Schrifttums wird an Hand der Betrachtung der Kanji-Schrift deutlich. Die Kanji sind eine nur leicht abgewandelte Form des Han-Systems.

6 Vgl.: Kleine, C.:   Shaolin-Kungfu, Mönchssoldaten, Tyrannenmörder: Wie friedfertig   war   und   ist   "der   Buddhismus"   wirklich?, http://www.buddhismuskunde.uni-hamburg.de/fileadmin/pdf.

7 Die Zahl stammt aus Kleines Essay. Vgl.: Kleine, C.:   Shaolin-Kungfu, Mönchssoldaten, Tyrannenmörder: Wie friedfertig war und ist "der Buddhismus" wirklich?, http://www.buddhismuskunde.uni-hamburg.de/fileadmin/pdf.

8 Kleine zitiert in seinem Aufsatz einige buddhistische Texte, wonach sowohl das direkte Töten als auch das indirekte Töten durch zureden zum Suizid durch einen entgültigen Verstoß geahndet wird. Vgl.: Kleine, C.:   Shaolin-Kungfu, Mönchssoldaten, Tyrannenmörder.

Aufgabe betraute, die Ländereien des Ordens zu bewachen, und zum anderen wollte man die einfache Bevölkerung nicht mit dieser Aufgabe betrauen und mit Waffen ausstatten, was bei einem Aufstand fatal gewesen wäre. Eine Legitimation wurde im Nachhinein konstruiert. Man nahm an, dass man sich in einer Endzeit befinde, in der keine Regeln mehr gölten. So könne jemand, der die Mönchskutte anlege, aber sich an die Regeln nicht halte, nicht bestraft werden. Auch sei dies ein Verbrechen vergleichbar dem „Vergießen des Blutes einer Trillion Buddhas", wenn man einen solchen Mönch bestrafe. Diese Legitimation, wie sie in der Schrift „Mappou toumyou ki" steht, war eine totale Immunisierung der Orden nach außen hin, da das Bestrafen eines solchen Mönches zum höchstmöglichen Frevel erhoben wurde.[9]

An diesem Beispiel der Ordenskrieger wird deutlich, dass religiöse Institutionen auch im Buddhismus sich militärisch organisieren können, jedoch wird auch eindeutig gezeigt, dass die Gewalt nicht von der Religion an sich ausging, sondern die Religion sich den Strukturen der Politik anpasste. Eine Erklärung bietet uns die Bemerkung des britischen Psychologen Robert Thouless, der sagte, dass Religionen – ganz gleich wie ihr Ursprung auch sein mag – die Eigenschaft besitzen, in ihrer Struktur einander ähnlicher zu werden.[10]

3. Christenverfolgung im feudalen Japan

In der Zeit 1482-1568 befand sich Japan in einem Zustand permanenter Kriege zwischen den rivalisierenden Daimyos, den Fürsten Japans. Der Tenno war nur noch formell das Oberhaupt des Landes. In dieser Zeit trafen die ersten Europäer (die Portugiesen) in Japan ein. Der spanische Jesuit Francisco Xavier war der erste christliche Missionar in Japan. Die Jesuiten zeigten sich begierig, die neue Sprache zu erlernen und waren die ersten Europäer, die ein Buch

---

9 Die Schrift wird gemeinhin dem Tendai-Gründer Saichou zugeordnet. Über die Authentizität der Schrift ist sich die Wissenschaft nicht einig. Man nimmt eher an, dass die Schrift im Nachhinein verfasst wurde und ein Erklärungsversuch bestehender Verhältnisse war. Vgl.: Kleine.

10 Das Zitat entstammte dem Werk Schmidthausens. Vgl.: Schmidthausen, L.: Gewalt und Gewaltlosigkeit im Buddhismus, http://www.buddhismuskunde.uni-hamburg.de/fileadmin/pdf, 26.02.09.

über die japanische Sprache verfassten. Shogun[11] Oda Nobunaga, der erste der drei Reichseiniger, förderte das Christentum und nutzte ihre Verbindungen, um Handel mit Europa zu betreiben. Das Christentum erreichte unter seiner Herrschaft seine Blütezeit in Japan, in der 300.000 Japaner – auch einige Daimyo – aus Kyushu konvertierten. Die einfache Konversion mag darin begründet sein, dass das Christentum anfangs als eine Form des Buddhismus verstanden wurde. Diese in der Wissenschaft geläufige Deutung wird dadurch unterstützt, dass die Jesuiten bei ihrer Übersetzung der japanischen Sprache christliche Wörter mit shintoistischen und buddhistischen Begriffen übersetzten. Beispielsweise wird noch heute von den Christen Japans das Wort „Gott" mit „Kami" übersetzt.[12] Nobunaga konnte mit den modernen europäischen Technologien den Tendai-Orden und sein Zentrum Hiei zerstören und damit einen weiteren Schritt dahingehend tun, dass das Sakrale der Politik unterstand. Die Mönche, die damit rechneten, dass Nobunaga das unausgesprochene Tabu, keine heiligen Stätten zu zerstören, einhalten würde, mussten einsehen, dass sie sich getäuscht hatten, als Nobunaga in seinem Bestreben, Kyoto und damit den Tenno unter seine Gewalt zu bringen, den Berg Hiei mit seinen etwa 1500 Mönchen und 400 Tempeln vollständig vernichtete.[13]

Obwohl Nobunaga das Christentum förderte und Hiei schwächte, änderte sich die Situation, als sein inoffizieller Nachfolger Toyotomi Hideyoshi an die Macht gelangte.[14] Unter Hideyoshi erfuhr das Christentum ein Verbot, jedoch hatte dieses Verbot keine Folgen, da Hideyoshi auf den Handel mit den Portugiesen angewiesen war. Erst ein Jahr vor seinem Tod kam es zu den ersten gewaltsamen

---

11 Der Shogun war der Titel des dominanten Daimyos. In der Zeit des Shogunats, die nach dem Sengoku-Jidai folgt, war zwar der Tenno aus religiösen Gründen noch nominelles Oberhaupt des Staates, jedoch war der Shogun das militärische und somit das faktische Oberhaupt Japans.

12 Siehe Fußnote 4.

13 Selbst von den Christen wird Nobunaga wegen dieser Tat mit den größten Tyrannen der Bibel gleichgesetzt.
Vgl.: http://www.univie.ac.at/rel_jap/gesch/fruehe_neuzeit.htm.

14 Hideyoshi stammte aus einfachen Verhältnissen und war somit nicht geeignet als Nobunagas Nachfolger. Jedoch gelang es ihm indirekt, nach der Ermordung Nobunagas durch Akechi Mitsuhide an die Macht zu gelangen, indem er erst Akechi besiegte und anschließend den Sohn des verstorbenen ersten Sohnes Nobunagas als Nachfolger einsetzte. Damit konnte er die Machtansprüche der anderen Söhne Nobunagas zurückweisen.

Ausschreitungen, bei denen unter anderem die 26 Märtyrer von Nagasaki umkamen.[15] Die Gewalt gegen das Christentum erreichte unter Tokugawa Ieyasu ihren Höhepunkt. Tokugawa, der dritte und letzte der drei Reichseiniger, konnte nach dem Tod seines ehemaligen Verbündeten Hideyoshi die Macht an sich bringen und gestaltete eine Politik, die das Sengoku-Jidai beenden und ein stabiles Zeitalter einleiten sollte. Auch wenn man sich der Waffen der Christen bedient hatte, wurden sie auf Grund ihres alleinigen Wahrheitsanspruchs und ihres religiösen Eifers nun in dieser Zeit als potentielle Gefährdung der Stabilität gesehen. Tokugawa, der zu Erlangung der Stabilität bereit war, die Erben Hideyoshis hinzurichten oder zum Seppuku[16] zu treiben – unter anderem den Enkel Hideyoshis, der gleichzeitig ein Urenkel Tokugawas war - , war auch bereit, die als potentiell gefährlich angesehene Religion mit allen Mitteln aus Japan zu verbannen. Ein weiteres Motiv gegen das Christentum vorzugehen, war die Tatsache, dass in seiner Regierungszeit die Portugiesen nicht mehr die einizigen europäischen Händler in Japan waren, sondern auch die Holländer und Engländer begannen, ihre Gesandten nach Japan zu schicken. Dies hatte zwei Folgen. Zum einen kam somit auch der Konflikt zwischen Protestanten und Katholiken nach Japan, und zum anderen verloren die Portugiesen ihr Monopol.

1613 kam es zu einem erneuten Verbot des Christentums, jedoch versuchte man diesmal, das Verbot durchzusetzen. Christen sollten durch die Fumie („Bildertreten") identifiziert werden. Man ließ die gesamte Bevölkerung einer Siedlung sich regelmäßig versammeln und zwang sie dann, auf Heiligenbilder oder Kruzifixe zu treten. Da die Christen zu der Zeit in Japan für ihren Glaubenseifer bekannt waren, glaubte man sie durch diesen Vorgang alle identifizieren zu können. Europäische Händler bildeten keine Ausnahme. Sie mussten diesen Vorgang über sich ergehen lassen, sobald sie japanischen Boden betraten. Europäische Missionare, japanische Christen - auch Daimyo – wurden des Landes verwiesen oder hingerichtet. 1622 kam es zu

---

15 Vgl.: http://www.univie.ac.at/rel_jap/gesch/christentum.htm.
16 Seppuku ist der rituelle Selbstmord, der auch als Harakiri bezeichnet wird.

einer erneuten Massenhinrichtung in Nagasaki, bei der 51 Christen umkamen.

Den Höhepunkt der Gewalt gegen Christen bildete die Shimbara-Rebellion, bei der über 40.000 Rebellen getötet wurden. Die Forschung ist sich sicher, dass die Ursache der Rebellion die hohe Besteuerung war, dennoch gab man den Christen die Schuld.[17] Daraufhin zwang man alle Japaner, sich in buddhistischen Tempeln registrieren zu lassen.[18] Das Verbot des Christentums ging einher mit der Selbstisolierung Japans. Erst mit der Meiji-Restauration im 19. Jahrhundert wurde das Christentum wieder geduldet und ca. 40.000 Japaner gaben sich als Christen zu erkennen.

Sowohl das Christentum als auch der Buddhismus wurden anfangs in Japan wegen moderner Technologien gefördert. Man sah beide Religionen zum Zeitpunkt ihres Eintreffens als Medium neuen Wissens an. Das Christentum und seine Technologien wurden jedoch durch die Einigung Japans unter dem Tokugawa-Shogunat überflüssig und man nutzte sie als Sündenbock für die hohe Besteuerung. Eine Instrumentalisierung durch die Politik wird in beiden Beispielen deutlich.

4. Staatsshintoismus in der Meiji- und Showa-Ära

In der Meiji- und Showa-Ära begann sich Japan gezielt zu modernisieren. Es wurden Gesandte nach Europa und Amerika geschickt, allein aus dem Motiv des Wissenstransfers. Wissenschaft, aber auch Ideologien wurden transferiert. So fand in Japan eine „Rückbesinnung auf die japanische Ur-Religion", also den Shintoismus, statt.

Anfangs wurde auch der Buddhismus als eine ausländische Religion empfunden, jedoch blieben größere Repressionen von staatlicher Seite

---

17 Es gab zwar nachweisbar einen Umsturzplan durch eine radikale Jesuiten-Fraktion, jedoch ist dies erst im Nachhinein durch die Forschung aufgedeckt worden. Das Tokugawa-Regime hatte zu dem Zeitpunkt keine Kenntnisse darüber. Vgl.: http://www.univie.ac.at/rel_jap/gesch/christentum.htm.

18 Auffällig ist hierbei, dass die Registrierung über buddhistische Tempel erfolgte, obwohl weiterhin andere Religionen, wie z.B. der Shintoismus, toleriert wurden. Die Repression des Christentums muss also nicht notwendigerweise als genereller Hass gegen andere Religionen gedeutet werden.

aus. Das Christentum wurde ebenfalls toleriert. Jedoch wurde gleichzeitig der Shintoismus zur Staatsreligion.[19] In Hokkaido jedoch, wo die Bevölkerung überwiegend ainu[20] war, war das Vorgehen ein anderes. Man verbat Sprache, Kultur und Religion der Ainu, förderte Mischehen und zwang die Bevölkerung, den Shintoismus anzunehmen, um die Halbinsel zu japanisieren. Dieses Vorgehen war durch die Furcht vor russischen Expansionen begründet. Auch im Falle des Ryuku-Reiches strebte man eine Assimilation an. Nach dem Sieg Japans im chinesisch-japanischen Krieg strebten die Okinawer (die Ethnie der Ryukuinseln) sogar die Integration in das „überlegene" industrialisierte Japan an.

Im japanisch besetztem Korea zwang man die Bevölkerung, japanische Namen anzunehmen und man zwang ihnen auch den Staats-Shintoismus auf. An diesem Beispiel wird besonders deutlich, dass Religion ein Machtinstrument war und Gewalt zwar durch den Staats-Shintoismus begründet worden ist (zur Mehrung des Ruhmes des „göttlichen" Tenno), dennoch sind die wahren Ursachen für die Gewalt gegen andere Religionen politischer Natur. Der Shintoismus war als integraler Bestandteil des japanischen Reiches notwendig zur Integration der Kolonial-Bevölkerung: Ein Volk, welches den Tenno „vergöttlicht", werde ihm gehorchen. Ein Soldat, der für einen „lebenden Gott" kämpft werde freudig für ihn sterben – so die vorherrschende Meinung.[21]

5. Buddhismus-Kritik in der jüngeren Forschung

In unserer westlichen Wissenschaft neigen wir dazu, beispielsweise den „Hagakure"[22] oder das „Go rin no sho"[23] als Produkte des

---

19 Wie schon anfangs erwähnt ist die Verehrung mehrerer Religionen nichts außergewöhnliches in Japan.
20 Die Ainu sind eine indigene Ethnie, die auf den nördlichen Inseln Japans ansässig waren.
21 Der heute noch in Japan als Jubelruf verbreitete Spruch „Banzai" , welcher auch von den Kamikaze-Fliegern im zweiten Weltkrieg verwendet wurde, heißt übersetzt „tausend Jahre", was den Wunsch ausdrückt, dass die Tenno-Familie noch tausend weitere Jahre leben solle.
22 Das Hagakure ist ein berühmtes literarisches Werk Japans, welches eine Anleitung für das Leben eines Samurai enthält. Es wurde unter anderem von der SS an ihre Anhänger verteilt.
23 Das „Go rin no sho" oder „Das Buch der fünf Ringe" ist das Werk des legendären

Buddhismus darzustellen. Ebenso neigen wir dazu, den Shintoismus mit dem Buddhismus gleichzusetzen. Man muss aber die Trennung aufrechterhalten, wenn man eine Kritik der Religion vornehmen will. Die Werke von Victoria[24] nehmen diese Trennung nicht vor und sind insofern nicht hilfreich in Bezug auf das Thema „Religion und Gewalt". Auch ist es nicht sinnvoll, japanische Werke in Übersetzung zu wissenschaftlichen Zwecken zu verwenden, was leider zu oft getan wird. Die japanische Kanji-Schrift ist keine Lautschrift, sondern eine, in der die Bedeutung nicht dem jeweiligen Zeichen entspricht. Da Wörter in der Sprache aus durchschnittlich 1-3 Zeichen zusammengesetzt sind, die für sich eine eigene Bedeutung transferieren, können Übersetzungen, die die Zusammensetzung nur übersetzen, nicht die Bedeutung der Einzelteile erfassen. Beispielsweise ist das Wort „Japaner" (Ni-hon-jin) eine Zusammensetzung aus den Zeichen für „Sonne/Tag", „Buch/Ursprung" und „Mensch". Allein in diesem einfachen Wort haben wir also mindestens vier Bedeutungen (Sonne-Buch-Mensch, Sonne-Ursprung-Mensch, Tag-Buch-Mensch, Tag-Ursprung-Mensch), wobei nicht auszuschließen ist, dass alle Bedeutungen hier erfasst wurden. Natürlich ist eine der Lesarten die offizielle, jedoch ist es in Japan im Bereich der Rhetorik üblich, mit solchen Bedeutungsassoziationen zu hantieren. Außerdem erscheint es zweifelhaft, die Begriffe des Christentums auf Japan anzuwenden und daraus Schlüsse zu ziehen.[25] Es erscheint also unangebracht, eine

---

Samurai, Künstlers, Einsiedlers und Philosophen Musashi Miyamoto. Es ist ein philosophisches Werk über den Schwertkampf und die Strategie in der Schlacht. Musashi leitet aus militärischem Vorgehen Strategien für das Leben im Allgemeinen ab. Es gilt heute noch als eines der Standardwerke japanischer Ökonomen, Kendo-Sportler, Philosophen, etc.

24 Gemeint sind Werke wie „Hitler-Buddha-Krishna". Vgl.: http://www.trimondi.de/H-B-K/inhalt.hi.en.htm.

25 Als Beispiel: 1. Der Tenno wird oft als Kaiser bezeichnet, obwohl sein Amt primär ein sakrales ist. Beim Kaiser jedoch ist das Amt primär ein weltliches. 2. Kami wird mit Gott übersetzt, obwohl Kami durchaus sterbliche Wesen, Orte oder Gegenstände sein können. → Somit ist die Kritik, dass der „japanische Kaiser als Gott verehrt wird" etwas zweifelhaft, da die Aussage bedeutet, dass ein Würdenträger eines weltlichen Amtes einen tranzendenten Anspruch hegt. Wenn wir die original-japanischen Wörter verwendeten, erhielten wir die Bedeutung, dass ein Würdenträger eines sakralen Amtes mit weltlicher Macht einen Anspruch auf eine sakrale Würde hege.

Übersetzung eines Werkes zu Rate zu ziehen, welches mehrere tausend solcher Zeichen benutzt. Und noch unangebrachter erscheint es, diese willkürliche Interpretation mit der Religion in Verbindung zu bringen, obwohl an keiner Stelle erwähnt wird, dass diese Werke religiöse Schriften seien.

6. Fazit

Die Verquickung von Religion und Gewalt ist ein Thema, welches nicht nur zur Zeit der Kreuzzüge aktuell war, sondern auch spätestens nach dem 11. September wieder in unser Blickfeld geraten ist. Die Betrachtung des Buddhismus in Japan mag uns helfen, unsere eigene Religionskultur zu reflektieren. Der Buddhismus ist keine Religion mit einem alleinigen Wahrheitsanspruch. Dennoch sehen wir Parallelen zu unserer eigenen Geschichte der Religion. Die Tempelkrieger des Tendai erinnern an den Ordensstaat der Deutschritter. Man ist im einen Fall geneigt, die Ursache in der gesellschaftlichen Struktur zu suchen, im anderen Fall jedoch neigen wir dazu, den religiösen Wahn als Erklärung anzuführen. Man sollte sich vielleicht die Frage stellen, ob nicht alle Religionen die Eigenschaft besitzen, sich der Gesellschaft anzupassen. Ob Gewalt durch „Krieg gegen den Terror", „die anti-faschistische Bewegung", den „Kampf gegen das jüdisch-bolschewistische Kapital" oder den „heiligen Krieg" legitimiert wird, ist irrelevant. In allen Fällen drücken die entsprechenden Protagonisten nur einen machtpolitisch begründeten Wunsch durch die Begrifflichkeit ihrer Weltanschauung aus. Religion kann ebenso wie jede andere Weltanschauung benutzt werden, um Handlungsmotive zu begründen.

Man sollte sich davor hüten, den Buddhismus zu romantisieren oder ihn als eine Gewaltkultur darzustellen. Gleiches gilt für alle anderen Weltanschauungen. Die Ideologie ist nicht entscheidend – entscheidend ist, wofür wir sie nutzen.

Literatur

http://www.univie.ac.at/rel_jap/gesch/fruehe_neuzeit.htm, 26.02.09.

http://www.enotes.com/genocide-encyclopedia/japan, 26.02.09.

Vollmer, K.: Japanischer Buddhismus und Zen,
http://www.buddhismuskunde.uni-hamburg.de/fileadmin/pdf,
26.02.09.

Kleine, C.: Shaolin-Kungfu, Mönchssoldaten, Tyrannenmörder: Wie
friedfertig war und ist "der Buddhismus" wirklich?,
http://www.buddhismuskunde.uni-hamburg.de/fileadmin/pdf,
26.02.09.

Schmidthausen, L.: Gewalt und Gewaltlosigkeit im Buddhismus,
http://www.buddhismuskunde.uni-hamburg.de/fileadmin/pdf,
26.02.09.

http://www.trimondi.de/H-B-K/inhalt.hi.en.htm, 26.02.09.